Wiesengeschichten

Text und Bilder
von
Lore Hummel

Wie es krabbelt, summt und singt
in der Wiese, wie es klingt,
wie die kleinen Käfer hausen
und der Specht im Walde draußen,
wie das Fröschlein musiziert,
und was außerdem passiert
in dem grünen Wiesengrund
tut dir dieses Büchlein kund.

Bechtermünz Verlag

Im Wiesenhäuschen Nummer acht
Herr Maulwurf ist schon aufgewacht.
Er reibt die Äuglein, gähnt und niest:
Mal sehn, wie heut das Wetter ist.
Weit öffnet er die Fensterlein.
Da tanzt ein Sonnenstrahl herein,
hüpft über Boden, Tisch und Schrank
und setzt sich schließlich auf die Bank.
Es lacht der kleine Sonnenstrahl –
der Maulwurf niest schon wieder mal.
Jetzt putzt er endlich seine Nase,
dann holt er eine Kaffeetasse,
füllt sie im Bächlein mit Vergnügen
und trinkt daraus in langen Zügen.
Als er die Tasse nochmal füllt,
so voll, daß sie fast überquillt,
sieht er ein durstig Blümlein winken:
,,Ach bitte, laß mich auch mal trinken!''

„Guck", ruft Käfer Zippelzapp,
„was ich in der Tasche hab!
Diese Blättchen, zart und fein,
kauft ich für den Winter ein,
konnte sie ganz billig kriegen
auf dem Wochenmarkt dort drüben."
Brummelbiene summt und lacht:
„Zipp, das hast du fein gemacht!"

Zu dem Wochenmarkt im Grünen
kommen Schmetterlinge, Bienen,
Käfermütter, Raupenfrauen,
um nach Billigem zu schauen.
„Fräulein Grünrock, guten Morgen,
wollen Sie sich Obst besorgen?
Guten Tag, Frau Silberschild,
hier sind Erbschen, zart und mild.
Wünschen Madam Blattsalat?
Und wie wär es mit Spinat?
Gelbe Rübchen, junge Böhnchen
wären doch was für Ihr Söhnchen."
„Danke, gelbe Rübchen,
Blütenhonig mag mein Bübchen."

„Schnell", ruft Käfer Schwarzpunkt, „schnell!
Sieh, dort steht ein Karussell.
Brummelchen und Sausewind
fahren schon, schau wie geschwind."
Auch das Fröschlein hüpft vor Freude:
„Oh, wie wird das lustig heute!"
Und es rennt und freut sich sehr:
„Wenn ich nur schon oben wär!"
Kommt die kleine Maus vorbei,
hört das lust'ge Dideldei,
sieht den großen Pilz sich drehn:
„Ach, wie ist das wunderschön!"
Seht, sie klatscht und ruft entzückt:
„Halt! Da fahr ich auch mal mit."

Drüben an des Waldes Saum
haust in einem alten Baum
– denn der Baum ist innen hohl –
Meister Specht und fühlt sich wohl.
Wenn er nicht gerade klopft
oder sich ein Pfeifchen stopft,
sucht er Nüsse, Raupen, Beeren,
sie genüßlich zu verzehren.
Leuchtend bunt ist sein Gefieder,
und er singt die schönsten Lieder,
lacht und trommelt, klopft und schreit,
weil ihn stets das Leben freut.
Gick, gick tönt's und geck, geck, geck,
doch dann ist er plötzlich weg.

Abends sitzt er meist ganz friedlich
auf dem Baum und schaut gemütlich,
grüßt die einen oder andern,
die im Grase heimwärts wandern,
oder lacht, daß alles schallt
in dem großen, grünen Wald.
Auf dem sand'gen Wiesenwege
durch der Blumen bunt Gehege
krabbeln Käfer schnell und froh,
denn der große Zirkus Floh
hat mit vielen bunten Wagen
seine Zelte aufgeschlagen.

Voll Erwartung, voller Freude
sind die kleinen Käferleute
zu der Vorstellung gekommen,
seht, man hat schon Platz genommen.

Droben überm Blumenhügel
tanzt das Fräulein Zitterflügel
auf dem Seile hin und her,
als ob das denn gar nichts wär.

Staunend und vor Schrecken stumm
hockt das Käferpublikum.

Doch dann bricht's in Beifall aus,
riesengroß ist der Applaus.

Im Wiesenhäuschen Nummer vier,
da sitzt im Gärtchen vor der Tür
Familie Blaurock, groß und klein,
die Mutter bringt den Beerenwein
und eine Schüssel voll Spinat,
den feinsten Birkenblatt-Salat,
Ameiseneier gut gesotten,
auch einen Pudding aus Karotten.
,,Ei'', ruft der Vater, ,,ei, wie fein!''
und all die Käfer-Kinderlein,
sie essen, trinken, lachen, schwatzen
und lärmen grad so wie die Spatzen.

Da kommt ein Raupenkind gekrochen,
das hat den Pudding wohl gerochen,
es blickt zum Tisch ganz ungeniert,
weil es so großen Hunger spürt.
Die Käfermutter lacht und spricht:
,,Für dich reicht's auch noch, kleiner Wicht.
Ihr Raupen habt stets Appetit,
drum komm nur her und esse mit!''
Das läßt man sich nicht zweimal sagen,
und außerdem knurrt schon der Magen.
Die kleine Raupe läßt sich's munden
und kaut fast eindreiviertel Stunden.
,,Habt Dank'', ruft sie, ,,das war nicht schlecht.
Doch jetzt wär was zu trinken recht!''

Im Erdloch neben Blaurocks Häuslein
wohnt quietschvergnügt ein graues Mäuslein.
Es hat ein Stübchen, hübsch und fein,
mit Schrank und Tisch und Bettchen klein.
Seht, in der Ecke steht ein Stühlchen
und auf dem Tisch ein Kaffeemühlchen,
denn Kaffee liebt das Mäuslein sehr,
doch Speck und Käse noch viel mehr.

Die kleine Maus ist sehr bescheiden,
drum mag sie jeder gerne leiden,
und sauber ist sie außerdem,
denn jeden Tag, man kann es sehn,
holt Wasser sie in einem Kännchen
und putzt sich ihre Mausezähnchen.

Kommt ihr mit zum Wiesenbach?
Die Kapelle Quack und Krach
bläst dort, daß man's weithin hört,
denn am Bach ist Froschkonzert.
Für die grünen Musikanten
ist ein Podium vorhanden.
Meister Langbein dirigiert,
und der kleinste Frosch probiert
eine hübsche Melodei
auf der lieblichen Schalmei.
Jetzt mit ihrem lauten Chor
tun die Sänger sich hervor.

Hüpfebein spielt Violine,
mit der Hummel tanzt die Biene,
und auch sonst schwingt noch manch eine
ihre dünnen Käferbeine.
Maus und Feuersalamander
hüpfen fröhlich miteinander.
Wenn der Abendstern nicht wär,
nähm das Fest kein Ende mehr!

Und nun müssen wir uns trennen
von dem schönen Wiesengrund.
Horch, die zarten blauen Glöckchen
läuten schon die Abendstund.
Schau, welch wundersamer Friede,
sanft der Mond am Himmel steht.
Schneck' und Raupe ziehen müde
heimwärts, denn es ist schon spät.
Spinne wünscht: ,,Recht guten Abend!''
Käferlein ruft: ,,Gott behüt'',
und ein kleiner, bunter Falter
flieget noch ein Weilchen mit.